BEI GRIN MACHT SICH IHR WISSEN BEZAHLT

- Wir veröffentlichen Ihre Hausarbeit, Bachelor- und Masterarbeit

- Ihr eigenes eBook und Buch - weltweit in allen wichtigen Shops

- Verdienen Sie an jedem Verkauf

Jetzt bei www.GRIN.com hochladen und kostenlos publizieren

Bibliografische Information der Deutschen Nationalbibliothek:

Die Deutsche Bibliothek verzeichnet diese Publikation in der Deutschen National-
bibliografie; detaillierte bibliografische Daten sind im Internet über http://dnb.d-
nb.de/ abrufbar.

Impressum:

Copyright © 2017 GRIN Verlag
Druck und Bindung: Books on Demand GmbH, Norderstedt Germany
ISBN: 9783668932319

Dieses Buch bei GRIN:

https://www.grin.com/document/463900

Sandro Kunadt

Programmierung eines Online-Warenkorbs mit Java

GRIN Verlag

GRIN - Your knowledge has value

Der GRIN Verlag publiziert seit 1998 wissenschaftliche Arbeiten von Studenten, Hochschullehrern und anderen Akademikern als eBook und gedrucktes Buch. Die Verlagswebsite www.grin.com ist die ideale Plattform zur Veröffentlichung von Hausarbeiten, Abschlussarbeiten, wissenschaftlichen Aufsätzen, Dissertationen und Fachbüchern.

Besuchen Sie uns im Internet:

http://www.grin.com/

http://www.facebook.com/grincom

http://www.twitter.com/grin_com

AKAD University

Assignment JAV40
Programmieren in Java

Warenkorb
Erstellung einer einfachen Java-Anwendung
zur Verwaltung eines Online-Warenkorbs

von
Sandro Kunadt

Dresden, 24.04.2017

Inhaltsverzeichnis

Inhaltsverzeichnis..I

Abkürzungsverzeichnis...II

Abbildungsverzeichnis..III

Glossar...IV

1   Einleitung...1

   1.1   Problemstellung...1

   1.2   Ziel dieser Arbeit..1

   1.3   Aufbau der Arbeit...1

2   Grundlagen Java-Programmierung...2

   2.1   Definition und Ursprung von Java...2

   2.2   Merkmale von Java..2

   2.3   Java-Plattform..3

   2.4   Objektorientierung...4

3   Konzeption der Java-Anwendung Online-Warenkorb..6

   3.1   Programmaufbau und -entwurf..6

   3.2   Spezifikation der Programmklassen..7

4   Implementierung des Online-Warenkorbs...7

   4.1   Allgemein...8

   4.2   Klasse Artikel...8

   4.3   Klasse Warenkorb..9

   4.4   Klasse MainOnlineWarenkorb (Hauptprogramm)...11

5   Zusammenfassung und Reflexion..13

   5.1   Fazit..13

   5.2   Kritische Würdigung und Ausblick...14

Anhang..III

Literaturverzeichnis..VIII

Abkürzungsverzeichnis

API	Application Programming Interface
CMD	Command[1]
GUI	Graphical User Interface
IDE	Integrated Development Environment
JDK	Java Development Kit
JIT	Just-In-Time
JRE	Java Runtime Environment
JVM	Java Virtual Machine
UML	Unified Modeling Language

---

[1] Eingabeaufforderung unter Windows

Abbildungsverzeichnis

Abbildung 1: Bestandteile der Java-Plattform 3

Abbildung 2: Säulen der objektorientierten Programmierung 5

Abbildung 3: Konzeption Online-Warenkorb...6

Abbildung 4: Klassendiagramm Artikel (verschlankt) 8

Abbildung 5: Klassendiagramm Warenkorb (verschlankt)...9

Abbildung 6: Auswahlmenü für Warenkorbfunktionalitäten...12

Abbildung 7: Quellcodeauszug – Validitätsprüfung Menüeingabe 12

Abbildung 8: Quellcodeauszug – while-Bedingung 12

Abbildung 9: Screenshot CMD – Fall 2: alle Warenkorbartikel entfernen...............................13

Abbildung 10: Screenshot CMD – Fall 3: Warenkorb entfernen...13

Abbildung 11: Java Conceptual Diagram III

Abbildung 12: Klassendiagramm Online-Warenkorb...IV

Abbildung 13: Quellcodeauszug – Artikel-Konstruktoren IV

Abbildung 14: Programmablauf – Teil 1 V

Abbildung 15: Programmablauf – Teil 2 VI

Abbildung 16: Screenshot CMD – Warenkorb ausgeben VII

Abbildung 17: Screenshot CMD – Fall 1: Warenkorbartikel entfernen VII

Glossar

API	Vordefinierte Programmierschnittstelle zur gezielten Verwendung von Programmfunktionen oder Methoden und Variablen von Klassen.[2]
Compiler	Programm zur Übersetzung einer höheren Programmiersprache i. d. R. in Maschinensprache/-code, die vom jeweiligen Prozessor ausgeführt werden kann.[3]
Heap	Speicherbereich des Arbeitsspeichers, der dynamisch verwendet und verwaltet werden kann.[4]
Interpreter	Programm zur Übersetzung einer höheren Programmiersprache in einen Zwischen- bzw. Bytecode, der direkt nach Übersetzung ausgeführt wird.[5]
Just-In-Time-Compiler (JIT-Compiler)	Kombinationslösung aus Compiler und Interpreter, der Quellcode einer höheren Programmiersprache zunächst in Byte- und anschließend in Maschinencode übersetzt. Schneller als Ausführung des Bytecode durch Interpreter.[6]
Maschinencode/-sprache	Prozessorspezifische Programmiersprache, die ausschließlich aus Binärzahlen besteht.[7]

---

[2] Vgl. Ratz, D./Scheffler, J./Seese, D./Wiesenberger, J. (2013), S. 711
[3] Vgl. Ratz, D./Scheffler, J./Seese, D./Wiesenberger, J. (2013), S. 713
[4] Vgl. Sierra, K./Bates, B. (2006), S. 40
[5] Vgl. Ratz, D./Scheffler, J./Seese, D./Wiesenberger, J. (2013), S. 717
[6] Vgl. Schnabel, P. (2017)
[7] Vgl. Ratz, D./Scheffler, J./Seese, D./Wiesenberger, J. (2013), S. 718

1 Einleitung

1.1 Problemstellung

Für das Modul JAV40 (Programmieren in Java) soll mittels der Programmiersprache Java eine einfache Anwendung zur Erstellung eines Online-Warenkorbs mit grundlegenden Warenkorbfunktionalitäten entwickelt werden. Dabei sollen Java-Grundlagen sowie die Prinzipien der Objektorientierung berücksichtigt werden. Die konkrete Anforderung an diese Java-Anwendung besteht darin, dass für mehrere Anwender jeweils ein Warenkorb erstellt und anschließend mit verschiedenen Artikeln gefüllt werden kann. Zudem sollen sowohl alle im Warenkorb gespeicherten Artikel mit ihren relevanten Informationen als auch dessen Netto- und Bruttogesamtpreis ausgegeben werden können. Das Hauptprogramm bzw. die Main-Methode, inklusive eines Beispielszenarios, soll über die Kommandozeile aufgerufen und angezeigt werden.[8]

1.2 Ziel dieser Arbeit

Das Ziel dieser Arbeit ist die Erläuterung der Konzeption und Implementierung der Java-Anwendung. Die Entwicklung des Online-Warenkorbs wird wie gefordert unter Anwendung des objektorientiertem Konzepts realisiert. Dabei verwendete Prinzipien und Komponenten werden in dieser Arbeit ebenfalls erläutert, sodass ein ganzheitliches Bild von den Grundlagen, über die Konzeption bis zur Implementierung gezeichnet wird.

1.3 Aufbau der Arbeit

Anknüpfend an die Einleitung im ersten Kapitel folgt die Erarbeitung der Grundlagen im zweiten Teil der Arbeit. In diesem sind zum einen die Definition sowie die Merkmale der Programmiersprache Java aufgeführt. Zum anderen folgt eine Erläuterung des objektorientierten Konzepts bei der Modellierung und Implementierung sowie dessen Umsetzung in Java. Auf den Grundlagen aus den vorherigen Kapiteln aufbauend, bilden Kapitel 3 und 4 den Schwerpunkt der Arbeit. Dort wird die eingangs formulierte Problemstellung bearbeitet. Zunächst befasst sich Kapitel 3 mit der Konzeption der Java-Anwendung, hinsichtlich der Erarbeitung der entsprechenden Spezifikation und des Entwurfs der Lösung. Bezogen auf die dabei erarbeiteten Ergebnisse folgt im Kapitel 4 die Beschreibung der Umsetzung bzw. Entwicklung der Anwendung in Java. Im fünften und letzten Kapitel dieses Assignment findet sowohl ein Fazit der Arbeit als auch eine Reflexion des Arbeitsergebnisses statt.

---

[8] Schmatzer, F.-K. (2016), S. 1

2 Grundlagen Java-Programmierung

In diesem Kapitel wird primär ein einheitliches Verständnis der Programmiersprache Java, inklusive ihrer relevanten Merkmalen und Eigenheiten bei der Programmierung, vermittelt. Ferner wird noch ein kurzer Einblick in die Objektorientierung gegeben, dessen Anwendung bei der Konzeption und Implementierung von Java-Programmen elementar ist.

2.1 Definition und Ursprung von Java

Java ist eine objektorientierte und plattformunabhängige Programmiersprache, die vom ehemaligen amerikanischen Unternehmen Sun Microsystems entwickelt und 1995 in ihrer ersten Version veröffentlicht wurde.[9] Im Jahr 2009 hat der ebenfalls amerikanische Hard- und Software-Hersteller Oracle Coporation die Firma Sun Microsystems mit allen Produkten und Patenten übernommen[10] und entwickelt Java seitdem kontinuierlich weiter (aktuell: Java 1.8). Das Sprachkonzept von Java leitet sich aus unterschiedlichen älteren Programmiersprachen ab. Vorrangig von C++ bzw. C, von denen einfache Datentypen und Operatoren übernommen wurden.[11]

2.2 Merkmale von Java

Das Hauptmerkmal und gleichzeitig der größte Vorteil von Java, ist die Plattformunabhängigkeit bzw. Portierbarkeit. Im Gegensatz zu vielen anderen Programmiersprachen wird bei der Kompilierung des Java-Quellcode nicht direkt prozessorspezifischer Maschinencode sondern ein Zwischencode, der sogenannte *Bytecode*, generiert. Dieser wird in einer *class*-Datei abgelegt und kann von der sogenannten *Java Virtual Machine*, die im nachfolgenden Kapitel konkret erläutert wird, verarbeitet und ausgeführt werden.[12] Da diese virtuelle Maschine auf der Oracle-Homepage für jedes gängige Betriebssystem zum Download zur Verfügung steht, können Java-Anwendungen sowohl unabhängig vom installierten Betriebssystem als auch von der Rechnerarchitektur ausgeführt werden.[13] Ein weiteres entscheidendes Merkmal ist die Verteilbarkeit nach dem Prinzip der Client-Server-Architektur. Dabei werden entweder Daten oder die komplette Java-Client-Anwendung direkt vom Server abgerufen und somit stets aktuell gehalten. Eine inzwischen veraltete Technologie stellen hierbei die sogenannten Applets dar, die in Computer-Netzwerken eingesetzt und von Webservern bereitgestellt werden.[14]

---

[9] Vgl. Hölzl, M./Raed, A./Wirsing, M. (2013), S. 1
[10] Vgl. Oracle 1 (2014)
[11] Vgl. Goll, J./Heinisch, C. (2014), S. 70
[12] Vgl. Ullenboom, C. (2012), S. 50
[13] Vgl. Oracle 3 (2017)
[14] Vgl. Goll, J./Heinisch, C. (2014), S. 72

Des Weiteren bringt Java mit dem Java-Security-Model als mehrstufiges Sicherheitskonzept eine weitere vorteilhafte Eigenschaft standardmäßig mit. Dieses bietet dem Anwender eine sichere Ausführung von Java-Anwendungen. Begonnen beim Verifier, zur Überprüfung des Bytecode, über die virtuelle Maschine bis hin zum sog. Security-Manager wird auf unterschiedlichen Ebenen der Quellcode auf Schadcode geprüft und deren Ausführung ggf. verhindert.[15]

Wie in der Definition bereits beschrieben, setzt sich Java zum Großteil aus den Sprachkomponenten von C bzw. C++ zusammen. Dies bewahrt die Einfachheit der Programmiersprache. Ebenfalls wurde die Objektorientierung der Programmiersprache übernommen, sodass auch in Java Objekte und Methoden eingesetzt und zwingend zusammen verwendet werden. Hinsichtlich der Stabilität wurden allerdings problemanfällige Sprachkonstrukte nicht übernommen. Dies betrifft bspw. die von C bekannten Zeiger, sodass in Java die Referenzierung und Dereferenzierung automatisch stattfindet.[16]

2.3 Java-Plattform

Java umfasst neben der Programmiersprache auch ein umfangreiches Repertoire an Komponenten, die zur Entwicklung respektive Ausführung von Java-Anwendungen erforderlich sind. Unter dem Begriff Java-Plattform werden die Programmiersprache Java, spezielle Entwicklungswerkzeuge, wie der Java-Compiler (javac), die Java Virtual Machine (JVM) und die Java-API, eine umfangreiche Klassenbibliothek, zusammengefasst.[17] Die beiden bekanntesten Formen der Java-Plattform sind die Java Standard (Java SE) und die Enterpreise Edition (Java EE).

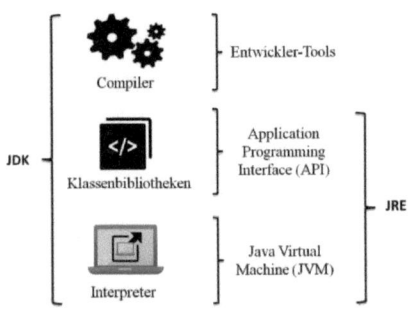

Abbildung 1: Bestandteile der Java-Plattform[18]

Bestandteil jeder Plattform ist die sogenannte Java Runtime Environment (JRE). Diese kann entweder eigenständig oder im Rahmen des Java Development Kit (JDK) verwendet werden. Die JRE dient ausschließlich der Ausführung von Java-Programmen auf einem System und umfasst hauptsächlich die Java-Klassenbibliothek sowie die JVM für das entsprechende Betriebssystem.[19]

---

[15] Vgl. Ullenboom, C. (2012), S. 57
[16] Vgl. Goll, J./Heinisch, C. (2014), S. 72
[17] Vgl. Goll, J./Heinisch, C. (2014), S. 73
[18] Eigene Darstellung, in Anlehnung an: Deininger, M./Faust, G./Kessel, T. (2009), S. 4
[19] Vgl. Goll, J./Heinisch, C. (2014), S. 74

Das JDK stellt in diesem Zusammenhang noch zusätzliche Tools zur Entwicklung von Java-Anwendungen zur Verfügung. In Abbildung 11 werden dabei die konkreten Komponenten gezeigt. Die JVM fungiert als Schnittstelle zwischen der Java-Anwendung und dem Rechnersystem, auf dem sie ausgeführt werden soll. Dabei kommen zum einen der Java-Interpreter sowie der Just-In-Time-Compiler, die als Ausführungseinheit bezeichnet werden und für die Ausführung des Bytecodes zuständig sind, zum Einsatz. Zum anderen ist der sogenannte Klassenlader der dritte wesentliche Bestandteil der JVM, welcher im Code nach dem Programmeinstiegspunkt bzw. der *main()*-Methode sucht und sie lädt.[20] Des Weiteren zählen noch der Garbage-Collector zur Speicherplatzfreigabe bzw. Löschung obsoleter Objekte auf dem Heap[21] und der Bytecode-Verifizierer, zur Überprüfung des Bytecode, zur JVM und charakterisieren Java.

2.4 Objektorientierung

Die Objektorientierung ist ein Konzept zur Darstellung von Phänomenen aus der realen Welt in einem Modell und anschließend in der digitalen Welt. Dabei entspricht ein Realweltobjekt jeweils einem Modellobjekt. Diese besitzen als Pendant zu den Eigenschaften und dem Verhalten von Realweltobjekten Attribute und Methoden, durch diese sie auch identifiziert werden.[22] Ebenso besitzt jedes Objekt Zustände, die die aktuellen Werte von Attributen abbilden und nur über die Methoden des Objektes geändert werden können. Thematisch zusammengehörende Objekte werden durch Klassen definiert, die als Schablonen fungieren. Nach dem Baukastenprinzip werden diese wiederum Teilsystemen einer Lösung zugeordnet und somit komplexe Sachverhalte abstrahiert und verdeutlicht.[23] Speziell in Java existieren hierfür zusätzliche sog. Java-Packages, die u. a. einzelne Klassen zusammenfassen und dem Programm eine verständlichere Struktur geben. I. d. R. bilden diese eine hierarchische Baumstruktur aus Haupt- und Unterpaketen.[24]

Eine objektorientierte Vorgehensweise wird bereits bei der Modellierung einer Anwendung verlangt. Modelliert werden dabei die Anforderungen an die Programmlösung in Form von Anwendungsfällen (use cases).[25] D. h. die Aktionen und Prozesse, die ein potentieller Nutzer mit der Anwendung realisieren kann. Für die Konzeption einer Lösung stehen unterschiedliche Werkzeuge zur Verfügung, unter denen die sog. UML-Diagramme eine wesentliche Rolle spielen.

---

[20] Vgl. Goll, J./Heinisch, C. (2014), S. 74
[21] Vgl. Ratz, D./Scheffler, J./Seese, D./Wiesenberger, J. (2014), S. 715
[22] Vgl. Krypczyk, V./Bochkor, O. (2016)
[23] Vgl. Goll, J./Heinisch, C. (2014), S. 35
[24] Vgl. Singh, C. (2013)
[25] Vgl. Ratz, D./Scheffler, J./Seese, D./Wiesenberger, J. (2014), S. 198

Diese dienen der grafischen Modellierung und stellen Beziehungen zwischen den einzelnen UML-Elementen des Diagramms dar. Konkret zählen hierzu u. a. die Klassendiagramme, zur Darstellung von Klassen und deren Beziehungen untereinander, die Anwendungsfalldiagramme, zur Darstellung der verschiedenen Akteure und deren Aktionen sowie die Sequenzdiagramme.[26]

Das objektorientierte Konzept steht dadurch im Gegensatz zu der klassischen imperativen Vorgehensweise zur Entwicklung von Programmen. Durch die Untergliederung der Anwendung und der somit einhergehenden Auflösung der Komplexität, werden die bekannten Probleme klassischer Programmierkonzepte gelöst.[27] Wie in der nachfolgenden Abbildung dargestellt, basiert die objektorientierte Programmierung auf vier Säulen.

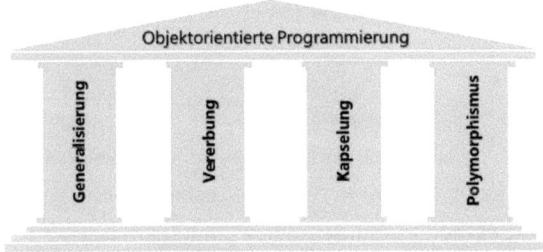

Ein wichtiges Element der objektorientierten Programmierung ist die Generalisierung. Unter ihr versteht man die konkrete Zusammenfassung verschiedener Objekte mit gemeinsamen Eigenschaften zu einer sogenannten

Abbildung 2: Säulen der objektorientierten Programmierung [28]

Super- bzw. Elternklasse. Sie dient der Klassifizierung und somit auch der Verdeutlichung der Gemeinsamkeiten von Objekten. Eine jeweils untergeordnete Klasse wird als Sub- bzw. Kindklasse bezeichnet und ist von ihr abgeleitet. In einem Atemzug mit Generalisierung wird die Spezialisierung als entgegengesetzter Schritt genannt.[29] Im direkten Zusammenhang mit der General- und Spezialisierung steht die Vererbung. Sie dient zum einen der Gruppierung sowie zum anderen auch der Hierarchiebildung von Objekten. Dabei werden alle Attribute und Methoden einer Superklasse an die dazugehörigen Subklassen übertragen bzw. vererbt. In Java wird eine Vererbung durch das Einfügen der Kombination aus dem Schlüsselwort *extend* und dem Namen der Superklasse in die Subklasse realisiert.[30] Ein weiteres wichtiges Prinzip der objektorientierten Programmierung ist die Datenkapselung. Hierbei geht um die Zugriffssteuerung durch die Kapselung von Daten und Methoden von Objekten in einer Klasse. Die Kapselung umfasst ebenfalls die Idee, dass dem Anwender nur so viele Informationen transparent gemacht werden wie unbedingt notwendig.

---

[26] Vgl. Ratz, D./Scheffler, J./Seese, D./Wiesenberger, J. (2014), S. 199
[27] Vgl. Ratz, D./Scheffler, J./Seese, D./Wiesenberger, J. (2014), S. 188f.
[28] Eigene Darstellung, in Anlehnung an: Ratz, D./Scheffler, J./Seese, D./Wiesenberger, J. (2014), S. 190
[29] Vgl. Ratz, D./Scheffler, J./Seese, D./Wiesenberger, J. (2014), S. 191
[30] Vgl. Ullenboom, C. (2012), S. 548

Nur die Schnittstellenmethoden eines Objektes sind sichtbar. Dieses bewusste Verbergen von Informationen wird daher als *Information Hiding* bezeichnet.[31] Die vierte Säule der objektorientierten Programmierung ist Polymorphismus, welches ebenfalls der Verallgemeinerung und Vereinfachung von Anwendungen dient. Konkret wird darunter die Vielgestaltigkeit von Methoden verstanden.[32] Somit schafft es die Möglichkeit, dass Methoden verschiedener Klassen zwar den gleichen Methodenkopf besitzen aber unterschiedlich implementiert sind. Realisiert wird Polymorphismus indem sowohl in der Superklasse, als auch in der Subklasse eine Methode mit identischem Methodenkopf definiert ist. Durch diese erneute Definition wird die geerbte Methode der Superklasse in der Subklasse überschrieben und liefert ein anderes Ergebnis.[33]

3 Konzeption der Java-Anwendung Online-Warenkorb

Inhalt dieses Kapitels ist die Erläuterung der Konzeption sowie der Aufbau und Gliederung des entwickelten Java-Programms. Des Weiteren werden die laut Aufgabenstellung vorgegebenen Anforderungsspezifikationen der einzelnen Klassen dargestellt.

3.1 Programmaufbau und -entwurf

Der Online-Warenkorb gliedert sich in insgesamt drei Klassen. Zwei davon bilden die wesentlichen Objekttypen *Warenkorb* und *Artikel* eines Online-Warenkorbs ab und werden laut Objektorientierung als *Warenkorb.class* und *Artikel.class* angelegt.

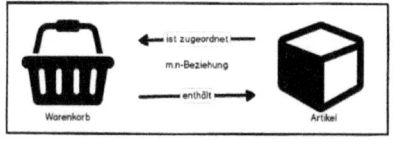

Abbildung 3: Konzeption Online-Warenkorb

Wie in nebenstehender Abbildung konzeptionell dargestellt, besteht zwischen diesen beiden Klassen eine m:n-Beziehung. D. h., dass sowohl in einem Warenkorb kein, ein oder mehrere Artikel existieren können als auch, dass ein Artikel in keinem, einem oder mehreren Warenkörben enthalten bzw. zugeordnet sein kann. Die Assoziation zwischen der Klasse *Warenkorb* und *Artikel* ist eine Aggregation. Im konkreten Fall kann ein Warenkorbobjekt als Ganzes ein Artikelobjekt als einen Teil davon enthalten. Diese lockere Verbindung bedeutete auch, dass ein Objekt vom Datentyp Artikel auch ohne ein Warenkorbobjekt seine Individualität behält und existieren kann.[34] Der Warenkorb ist im vorliegenden Java-Programm anwenderspezifisch und ein Anwender kann immer nur einen Warenkorb besitzen.

---

[31] Vgl. Goll, J./Heinisch, C. (2014), S. 44f.
[32] Vgl. Goll, J./Heinisch, C. (2014), S. 447
[33] Vgl. Ratz, D./Scheffler, J./Seese, D./Wiesenberger, J. (2014), S. 196f.
[34] Vgl. Ratz, D./Scheffler, J./Seese, D./Wiesenberger, J. (2014), S. 198

Der Warenkorbeigentümer ist jedoch kein eigenständiger Objekttyp, sondern wird lediglich durch eine individuelle fünfstellige Nummer, die im nachfolgenden Text als Kundennummer bezeichnet wird, charakterisiert. Diese wird in jedem Warenkorbobjekt gespeichert. Die dritte Klasse stellt das Hauptprogramm dar und dient dem Testen der einzelnen Methoden sowie deren Zusammenspiel untereinander. Zusammengefasst werden diese drei Klassen im Java-Paket *warenkorb*, das mittels *package*-Anweisung stets zu Beginn einer Klasse definiert wird.

3.2 Spezifikation der Programmklassen

Die Spezifikationen der beiden hauptsächlichen Programmklassen *Warenkorb* und *Artikel* werden im Anhang in Abbildung 12 der Anlage 2 in Form eines Klassendiagramm detailliert abgebildet. Im Wesentlichen sind diese den Anforderungen der Aufgabenstellung entnommen. Gemäß der dort beschriebenen Spezifikation sollen in einem Warenkorb Artikel gespeichert, verwaltet, d. h. hinzugefügt und gelöscht sowie ausgegeben werden können. Des Weiteren sollen Methoden zur Berechnung und Ausgabe des Gesamtpreises sowie der Anzahl der Warenkorbartikel bereitgestellt werden.

Für einen Artikel sollen typische Eigenschaften, wie bspw. Artikelnummer oder Nettopreis sowie Methoden zu deren Änderung und Ausgabe implementiert werden. Dabei soll das zuvor erläuterte Prinzip des Information Hiding gelten.

Im Hauptprogramm sollen die zur Verfügung gestellten Methoden bzw. Funktionalitäten getestet werden. Realisiert wird dies in der Form, dass für mehrere Anwender je ein Warenkorb erstellt und nacheinander mit Artikeln gefüllt wird. Anschließend folgt eine Ausgabe der Warenkorbinformationen mitsamt der darin gespeicherten Artikel sowie dessen Netto- und Bruttopreis. Neben diesen vorgegeben Testanforderungen wurde das Mainprogramm noch um die Tests zum Löschen eines ausgewählten Artikels, aller Artikel sowie die Löschung eines gesamten Warenkorbs erweitert.

4 Implementierung des Online-Warenkorbs

Inhalt der nächsten vier Unterkapitel ist die Erläuterung von allgemeinen Entwicklungsinformationen sowie der Implementierung der drei relevanten Java-Klassen des Online-Warenkorbs. Um eine verbesserte Lesbar- und Verständlichkeit des nachfolgenden Textes zu erzielen, befinden sich jeweils zu Beginn ausgewählter Kapitel ein verschlanktes Klassendiagramm.

4.1 Allgemein

Zur Anwendungsentwicklung wurde die Entwicklungsumgebung NetBeans IDE in der Version 8.2 sowie Java 8 (Update 65) in Form des JDK eingesetzt. Über NetBeans erfolgte ebenso die Projektverwaltung sowie die Kompilierung zum Starten und Testen der Java-Anwendung. Für das vorliegende Java-Entwicklungsprojekt wurde das Java-Paket *warenkorb* gewählt, welches an erster Stelle jeder Klasse des Online-Warenkorbs eingebunden wird. Sowohl in der Klasse Artikel als auch im Warenkorb dienen die *set*- und *get*-Methoden dem Festlegen bzw. Setzen (*set*) sowie dem Auslesen bzw. -geben (*get*) des entsprechenden Attributes und sind vom Typ der jeweils zu setzenden bzw. auszulesenden Variable. Alle Methoden der Klassen sind *public*, sodass diese in allen Klassen zugreifbar sind.

4.2 Klasse Artikel

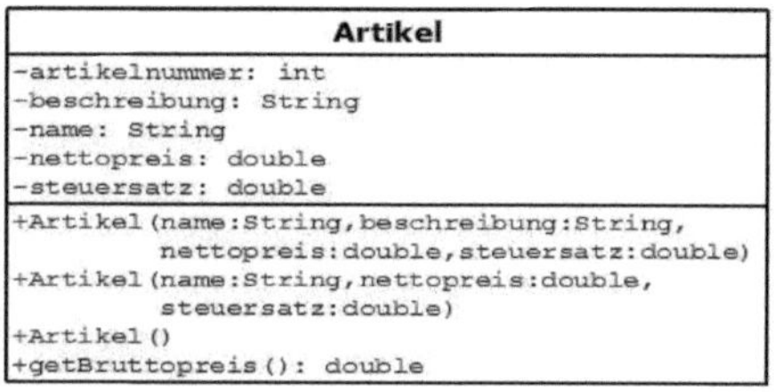

```
                    Artikel
-artikelnummer: int
-beschreibung: String
-name: String
-nettopreis: double
-steuersatz: double
+Artikel(name:String,beschreibung:String,
         nettopreis:double,steuersatz:double)
+Artikel(name:String,nettopreis:double,
         steuersatz:double)
+Artikel()
+getBruttopreis(): double
```

Abbildung 4: Auszug aus Klassendiagramm Artikel

Die Klasse Artikel dient der Erzeugung, Bearbeitung und Ausgabe von Objekten vom Typ Artikel. Dabei wurden insgesamt sieben Variablen definiert, wovon zwei Hilfsvariablen darstellen. Die beiden Hilfsvariablen *rand* und *df* besitzen das Zugriffsrecht *final*, da diese in keinem Fall überschrieben werden sollen. *Rand* ist vom Typ *Random*, einer Klasse zur Generierung einer Zufallszahl. *Df* ist vom Typ *DecimalFormat* und wird in der Artikel-Klasse für zur formatierten Ausgabe von Dezimalzahlen, gerundet auf zwei Kommastellen, verwendet. Beide Datentypen erfordern die vordefinierten Java-Klassen *java.util.Random* und *java.text.DecimalFormat*, die zu Beginn der Klasse via *import*-Anweisung eingebunden werden. Bei den restlichen fünf Variablen wurde das Zugriffsrecht *private* gewählt, da diese nur innerhalb der Klasse Artikel zugreifbar sein sollen. Die Variable Artikelnummer ist vom Typ Integer und wird beim Erzeugen eines Artikelobjektes im Konstruktor mit einer sechsstelligen Zufallszahl belegt. Diese wurde der Anweisung *(int)(100000 + (999999 - 100000) * rand.nextDouble())* realisiert, wobei 100.000 das Minimum, 999.999 das Maximum ist, *rand.nextDouble()* eine zufällige Dezimalzahl ergibt und das Ergebnis abschließend als Ganzzahl konvertiert wird. Mit dieser Vorgehensweise soll die Auswahl eines beliebigen Artikels aus einem großen Warensortiment simuliert werden. Die Artikelbezeichnung wird in der Variable *name*, die vom Typ String ist, gespeichert und kann über die Methode *setName()* gesetzt und via *getName()* ausgelesen werden.

Ebenfalls vom Typ String ist die Variable *beschreibung*, die zum Speichern der Artikelbeschreibung verwendet und via *setBeschreibung()* gesetzt und *getBeschreibung()* ausgelesen wird. Mit den beiden double-Variablen *nettopreis* und *steuersatz*, lässt sich über die Methode *getBruttopreis()* der Bruttopreis des Artikels ausgeben, der dem Produkt aus Nettopreis und der Summe aus Steuersatz addiert mit 1 entspricht. Der Nettopreis sowie der Steuersatz eines Artikels lässt sich ebenso über die gleichnamigen *get-* und *set-*Methoden setzen bzw. auslesen. Dabei wird beim Setzen des Steuersatzes geprüft, ob ein Wert kleiner 0 eingegeben wurde. Wenn nein, wird ein entsprechender Hinweis ausgegeben. Die Ausgabe eines Artikelobjektes erfolgt über die von der Klasse *Object* geerbte und überladene *toString()*-Methode, die, wie in Java üblich, mit der vorangestellten Notation *@Override* markiert wurde. Diese gibt zeilenweise die Artikelnummer, den Namen, die Beschreibung und den auf zwei Kommastellen gerundeten Netto- und Bruttopreis des Artikels aus. Die Klasse Artikel besitzt insgesamt drei Konstruktoren, deren Implementierung noch einmal explizit in Abbildung 13 dargestellt ist. Als erstes wurde der Konstruktor implementiert, der einen Artikel mit vollständigen Artikelinformationen, d. h. mit Name, Beschreibung, Nettopreis und Steuersatz, beinhaltet. Der zweite Konstruktor findet seine Anwendung, wenn ein neues Artikelobjekt ohne übergebenen Beschreibungsparameter erzeugt werden soll. In diesem Falle wird die Standardbeschreibung *<Keine Beschreibung.>* verwendet. Zum dritten existiert noch ein Standardkonstruktor, der verwendet wird, wenn keine Parameter übergegeben werden, sodass ein Artikelobjekt ohne Artikelinformationen angelegt wird.

4.3 Klasse Warenkorb

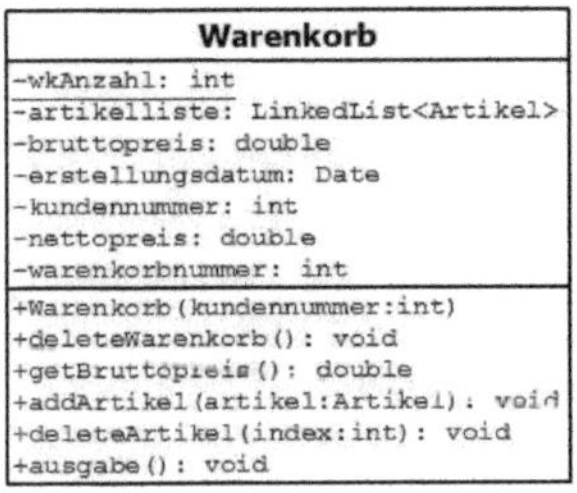

Abbildung 5: Auszug aus Klassendiagramm Warenkorb

Das Kernstück der Warenkorbanwendung bildet die Klasse Warenkorb, über die ein Warenkorb angelegt, gelöscht, mit Artikeln gefüllt, geleert sowie deren Informationen, wie bspw. Preis und Inhalt, ausgegeben werden kann. Wie bereits in der Klasse Artikel, wurden auch hier mit identischem Einsatzzweck die beiden Hilfsvariablen *rand* und *df* verwendet. Neben diesen beiden existieren weitere warenkorbspezifische Variablen. Die *warenkorbnummer* vom Datentyp Integer entspricht dabei einer achtstelligen Zufallszahl, die im Konstruktor mit der gleichen Logik erzeugt wird, wie die im Kapitel 4.2 beschriebene *artikelnummer*. Ausgelesen kann diese über die Methode *getWarenkorbnummer()* werden. Ebenfalls im Konstruktor wird beim Anlegen eines jeden Warenkorb-Objektes das aktuelle Datum in der *Date*-Variable *erstellungsdatum* gespeichert.

Für diesen Datentyp wurde zu Beginn die Klasse *java.util.Date* importiert. Zur Speicherung der Warenkorbartikel wurde die Variable *artikeliste* vom Datentyp *LinkedList* und dem Objekttyp Artikel definiert. Diese erfordert den Import der entsprechenden Klasse *java.util.LinkedList* und ist eine verkettete Liste. Im Konstruktor des Warenkorbs wird via *new*-Anweisung zunächst nur eine leerere Artikel-LinkedList auf dem Heap angelegt. Mittels der beiden Methoden *addArtikel()* und *deleteArtikel()* können dieser Liste im Mainprogramm Elemente in Form von Artikelobjekten hinzugefügt oder entfernt werden. Dabei wird auf die vordefinierten Methoden der Klasse LinkedList zurückgegriffen. *AddArtikel()* verlangt beim Aufruf einen Parameter vom Typ Artikel, der dann mittels der vordefinierten Methode *add* der verketteten Liste *artikelliste* hinzugefügt wird. Bei *deleteArtikel()* ist die Übergabe des zu entfernenden Artikels als Index, d. h. als Ganzzahl, erforderlich, der dann über die LinkedList-Methode *remove()* entfernt wird. Zusätzlich kann über die Methode *getArtikelanzahl()* die aktuelle Anzahl der Warenkorbartikel über die Ausgabe der Listenlänge via *artikelliste.size()* als Integer zurückgegeben werden. Aufgrund der vorher zufälligen Anzahl an zu speichernden Warenkorbartikeln wurde sich gegen ein Array und auch gegen eine ArrayList und für einen flexible LinkedList entschieden. Diese besitzt sehr ähnliche Funktionalitäten und verlinkt Objekte miteinander und eignet sich somit besser für häufige Einfüge- und Löschoperationen.[35] *Linked-* und *ArrayList* ersetzt ab Java 1.2 die Klasse *Vector* und ist performanter als diese.[36]

Darüber hinaus verfügt die Warenkorbklasse über das Klassenattribut *wkanzahl* vom Typ Integer, welches als Zähler für die angelegten Warenkorbobjekte fungiert. Bei der Deklaration wird diese Variable auf den Wert 0 gesetzt und bei jedem Aufruf des Konstruktors um jeweils eins erhöht. Über die Methode *getWkAnzahl()* wird der Wert von *wkanzahl* ausgelesen und über *deleteWarenkorb()* um eins reduziert, insofern er größer 0 ist. In der Warenkorbklasse ist genau ein Konstruktor definiert, der als Übergabeparameter eine Ganzzahl als Kundennummer verlangt, die dann in der Integer-Variable *kundennummer* des Warenkorbobjektes gespeichert wird. Wie bereits beschrieben, werden an dieser Stelle noch zusätzlich die Variablen *warenkorbnummer*, *erstellungsdatum*, *artikelliste* gesetzt und *wkAnzahl* um eins erhöht. Insgesamt verfügt die Klasse Warenkorb über zwei verschiedene Formen der Warenkorbausgabe. Zum einen kann über die Methode *ausgabe()* eine zeilenweise Ausgabe aller relevanten Warenkorbinformationen über die jeweiligen *get*-Methoden stattfinden. Diese umfasst als erstes die Warenkorbnummer, gefolgt von der Kundennummer, dem Erstellungsdatum und die Anzahl der Warenkorbartikel.

---

[35] Wang, R. (2013)
[36] Straub, M. (o. J.)

Abschließend werden alle im Warenkorb hinterlegten Artikel in Form der im Kapitel 4.2 beschriebenen *toString()*-Methode ausgegeben. Dazu wird iterativ über eine *for*-Schleife jedes Element der verketteten Liste *artikelliste* durchlaufen. Zum anderen besitzt die Warenkorbklasse mittels der *artikelAusgabe()*-Methode noch die Möglichkeit, ausschließlich die Namen der sich im Warenkorb befindlichen Artikel zeilenweise durchnummeriert auszugeben.

4.4   Klasse MainOnlineWarenkorb (Hauptprogramm)

Die Klasse MainOnlineWarenkorb beinhaltet das Hauptprogramm, mit dem der Online-Warenkorb zum Einsatz kommt und somit deren Funktionalitäten getestet werden können. Bis auf wenige erforderliche Anwendereingaben findet dieser Testdurchlauf automatisch statt. Zur Verdeutlichung des Programmablaufes wurde der in Anlage 3 und 4 Abbildung 14 und Abbildung *15* zu findende Programmablaufplan erstellt. Zu Beginn des Mainprogramms werden sechs verschiedene Artikel erstellt, deren genaue Attribute dem Programmablaufplan entnommen werden können. Dabei werden alle drei implementierten und im Kapitel 4.2 beschriebenen Konstruktoren eingesetzt. Die Artikelobjekte Apfel, Brot, Buch und Fahrrad werden mit allen Parametern erzeugt, wohingegen der Artikel Hose keine Beschreibung besitzt. Der Artikel TV wird zunächst ohne Parameter erzeugt und bekommt erst anschließend über *set*-Methoden Name, Beschreibung, Nettopreis und Steuersatz zugewiesen. Die angelegten Artikel werden in einem eindimensionalen sechsstelligen Array *arr_artikel* vom Typ Artikel nacheinander gespeichert. Anschließend erfolgt, als Information für den Anwender, die sequentielle Ausgabe der Artikel über *toString()* in einer *for*-Schleife. Als zweiten Schritt wird eine Kundennummer in Form einer fünfstelligen Zufallszahl generiert. Das Prinzip ist dabei identisch mit dem bereits in den Kapiteln zuvor beschriebenen. Im Anschluss beginnt eine fußgesteuerte do-while-Schleife zum Anlegen von Warenkorbobjekten, die abhängig von der Eingabe des Anwenders am Schleifenende solange durchlaufen wird, bis ein n anstatt ein j eingegeben wird. Eine entsprechende while-Schleife prüft dabei die Validität der Eingabe. Die angelegten Objekte werden in einer zuvor definierten verketteten Liste *warenkorbliste* vom Typ Warenkorb gespeichert bzw. via *add*-Methode hinzugefügt und enthalten die jeweils um eins erhöhte Kundennummer als Parameter für den Warenkorbkonstruktor. Jeder Warenkorb wird durch eine *for*-Schleife automatisch mit einer zufälligen Anzahl an Artikeln gefüllt. Diese liegt zwischen eins und fünf und betrifft die zuvor erzeugten und genannten Artikelobjekte. Nachdem kein neuer Anwender mit neuen Warenkorb angelegt werden soll, d. h. *n* eingegeben wird, werden nacheinander die Warenkorb- und die dazugehörigen Artikelinformationen via *ausgabe()* über eine *for-each*-Schleife ausgegeben.

Das Ergebnis dieser Ausgabe des angelegten Warenkorbs zeigt der Screenshot in Abbildung 16 Anlage 5. Nach Ausgabe der angelegten Warenkorbobjekte wird dem Anwender das in der nachfolgenden Abbildung dargestellte Menü angezeigt, über das dieser durch Eingabe der entsprechenden Nummer eine der vier Optionen auswählen kann.

```
Zur Verwendung/Pruefung weiterer Warenkorbfunktionaltitaeten, bitte eine der nachfolgenden Nummern (zw. 1 und 4) eingeben.
1: Loeschen eines auszuwaehlenden Artikels aus dem zuletzt angelegten Warenkorb.
2: Loeschen aller Artikel aus dem zuletzt angelegten Warenkorb.
3: Loeschen des zuletzt angelegten Warenkorbs.
4: Beenden des Programms.
```

Abbildung 6: Auswahlmenü für Warenkorbfunktionalitäten

Die Validitätsprüfung der Benutzereingabe besteht aus zwei Teilen, die jeweils mit einer kopfgesteuerten *while*-Schleife realisiert sind. Zum einen wird eine *try-catch*-Anweisung zur Fehlerbehandlung von Eingaben, die keinem ganzzahligen Wert entsprechen, verwendet. Zum anderen findet eine Überprüfung des Wertebereiches der Eingabe statt. D. h., ob der Wert zwischen 1 und 4 liegt. In beiden Fällen der Falscheingabe wird solange ein entsprechender Hinweis ausgegeben und aufgefordert die Eingabe zu wiederholen, bis eine korrekte Auswahl erfolgt.

```
invalidInput = true;
while (invalidInput)
{
    try
    {
        programmauswahl = eingabe.nextInt();
        invalidInput = false;
        while ((programmauswahl < 1) || (programmauswahl > 4))
        {
            System.out.println("Bitte eine (ganze) Zahl zw. 1 und 4 auswaehlen.");
            programmauswahl = eingabe.nextInt();
        }
    }
    catch(InputMismatchException e)
    {
        System.out.println("Bitte eine (ganze) Zahl zw. 1 und 4 auswaehlen.");
        invalidInput = true;
        eingabe.next();
    }
}
```

Der nebenstehende Quellcode-Ausschnitt stellt diese beiden Überprüfungen noch einmal explizit dar. Die Auswertung der Anwenderauswahl wird via *switch-case*-Anweisung realisiert, wobei der default-Fall wieder die Aufforderung zur korrekten Ein-

Abbildung 7: Quellcodeauszug – Validitätsprüfung Menüeingabe   gabe einer Menüoption ist. Alle case-Anweisungen enden mit einem *break*. Auch das Auswahlmenü wird via while-Schleife solange aufgerufen, bis die Option Programmende ausgewählt bzw. die 4 eingegeben wurde oder der Warenkorb leer ist bzw. sich keine Warenkorb-Elemente in der *warenkorbliste* befindet.

```
while(programmauswahl != 4 && !warenkorbliste.isEmpty());
```

Abbildung 8: Quellcodeauszug – while-Bedingung

Wie die nebenstehende Abbildung zeigt, sind diese beiden zuvor ausformulierten Bedingungen als Negation implementiert. Im Fall 1 werden zunächst alle im zuletzt angelegten Warenkorb befindlichen Artikel mit der im vorhergehenden Kapitel beschriebenen Methode *artikelAusgabe()* aufgelistet. Im Anschluss muss eine Zahl aus dieser Liste eingegeben werden, um den entsprechenden Artikel aus dem Warenkorb zu entfernen.

Dabei finden wieder in einer fußgesteuerten *while*-Schleife die gleichen zwei zuvor erläuterten Überprüfungen, bzgl. der Eingabe eines validen Integer-Wertes im Wertebereich der Listennummern, statt. Der Artikel wird mittels der Methode *deleteArtikel()* auf das letzte Element der *warenkorbliste* angewendet, welches über die vordefinierte LinkedList-Methode *getLast()* ausgewählt werden kann. Als obligatorischen Übergabeparameter für den Index der verketteten Artikelliste in der Warenkorbklasse fungiert die um eins reduzierte Eingabezahl. Abschließend werden via *artikelAusgabe()* noch einmal alle noch im Warenkorb vorhanden Artikel ausgegeben. Eine beispielhafte Konsolenausgabe ist in Abbildung 17 der Anlage 5 dargestellt. Im zweiten Fall wird über eine *for*-Schleife solange ein Artikel des zuletzt angelegten Warenkorbs gelöscht, bis die Anzahl an Warenkorbartikeln, die via *getArtikelanzahl()* ausgelesen werden kann, erreicht ist. In diesem Fall dient die Zählervariable des Index als Übergabeparameter.

Abbildung 9: Screenshot CMD – Fall 2: alle Warenkorbartikel entfernen

Wie in nebenstehender Abbildung dargestellt, wird auch hier abschließend die Anzahl des zuletzt angelegten Warenkorbs angezeigt. Nach Eingabe und Bestätigung einer 3 wird der zuletzt angelegt Warenkorb komplett gelöscht bzw. aus dem Warenkorbspeicher *warenkorbliste* entfernt. Realisiert wird dies über die gegebene *LinkedList*-Methode *remove()*, die das letzte Warenkorbobjekt als Parameter übergeben bekommt. Abschließend wird dem Anwender noch eine Erfolgsmeldung sowie mittels *size()* die Warenkorblistengröße als angelegte Anzahl an Warenkörben ausgegeben.

Abbildung 10: Screenshot CMD – Fall 3: Warenkorb entfernen

Der nebenstehende Screenshot zeigt dieses Ergebnis als Konsolenausgabe. Der vierte und letzte Fall ist der *default*-Fall, der lediglich einen Anwenderhinweis ausgibt, dass nur eine Auswahl zwischen 1 und 4 möglich ist.

5 Zusammenfassung und Reflexion

5.1 Fazit

Basierend auf der im Kapitel 1.1 beschriebenen Problemstellung, wurde mit der Programmiersprache Java eine Warenkorbanwendung entwickelt. Diese stellt die dort geforderten und im Kapitel 3.2 spezifizierten grundlegenden Warenkorbfunktionalitäten bereit. Basis dafür bilden die beiden Java-Klassen Warenkorb und Artikel, die zum einen zur Erstellung und Verwaltung von Warenkorb- und zum anderen von den dazugehörenden Artikelobjekten verwendet werden.

Dabei sind die Kenntnisse aus dem Grundlagenkapitel mit in die Anwendungsentwicklung eingeflossen. Insbesondere das im Kapitel 2.4 vorgestellte objektorientierte Konzept der Kapselung. Nach dem dort beschriebenen Prinzipien wurden auch Anforderungen zur Datenkapselung bzw. dem Information Hiding umgesetzt.

Die ebenfalls in der Problemstellung geforderten grundlegenden Funktionalitätstests mit mehreren Anwendern bzw. Warenkörben wurden im Mainprogramm der Warenkorb-Anwendung implementiert und können darüber automatisiert ausgeführt werden. Neben den obligatorischen Anwendungsfällen des Online-Warenkorbs stehen dort auch noch drei erweiterte Funktionen zur Löschung eines und aller Warenkorbartikel sowie eines kompletten Warenkorbs zur Verfügung.

5.2   Kritische Würdigung und Ausblick

Der Begriff des Online-Warenkorbs ist etwas irreführend, da die entwickelte Anwendung zwar grundlegenden Warenkorb- aber keine webspezifischen Funktionalitäten bietet. Als Konsolenanwendung ist der Warenkorb weder auf einem Webserver lauffähig noch ist dieser für einen Mehrbenutzerzugriff geeignet. Dementsprechend kann dies als Prototyp eines späteren Online-Anwendung gesehen werden. Bzgl. der Implementierung bestünde die Möglichkeit, nicht warenkorbspezifische Funktionen, wie bspw. die Validitätsprüfung von Benutzereingaben bzw. die Fehlerbehandlung oder auch die Generierung einer Zufallszahl, in eine eigene Klasse auszulagern. Speziell die mehrmals verwendete Zufallszahlengenerierung birgt die Gefahr, dass sich die Performance mit zunehmender Anwendung deutlich verschlechtert. Alternativ könnte hier eine Laufnummer verwendet werden. Des Weiteren ließe sich die Klasse Artikel als Kindklasse der Klasse Warenkorb und nicht, wie in der Aufgabenstellung gefordert, als eigenständige Klasse darstellen. So hätten Methoden wie z. B. die Ausgabe des Netto- oder Bruttopreises vererbt werden können. Es ist ebenso beabsichtigt, dass zwischen dem Warenkorb und dem Anwender nur eine 1:1-Beziehung bestehen kann, sodass die Implementierung einer komplexen Benutzerverwaltung nicht erforderlich ist. Gemäß der Anforderungen wurde der Online-Warenkorb so konzipiert und entwickelt, dass erstellte Warenkörbe von einzelnen Anwendern mitsamt ihrer Informationen und Artikeln nur während der Programmlaufzeit zur Verfügung stehen, d. h. nicht persistent gespeichert werden. Eine mögliche Erweiterung wäre hier, diese Daten u. a. in eine Datei oder Datenbank zu speichern, sodass bei jedem Programmaufruf einmal erstellte Warenkörbe daraus ausgelesen und somit wiederverwendet werden können. Mit einem Fokus auf die Online-Funktionalität und Benutzerfreundlichkeit der Warenkorbanwendung wäre die Implementierung einer GUI essenziell.

Anhang

Anlage 1

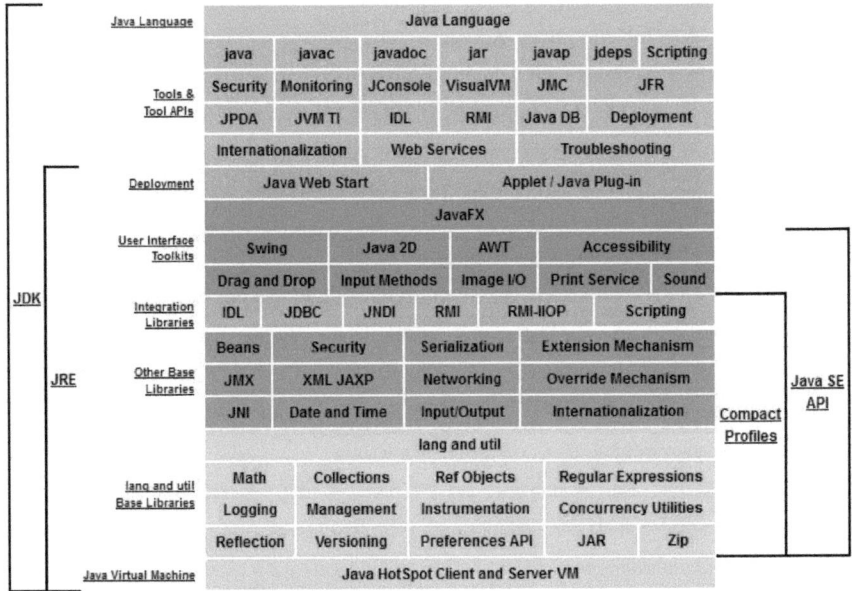

Abbildung 11: Java Conceptual Diagram[37]

---

[37] Vgl. Oracle 2 (2016)

Anlage 2

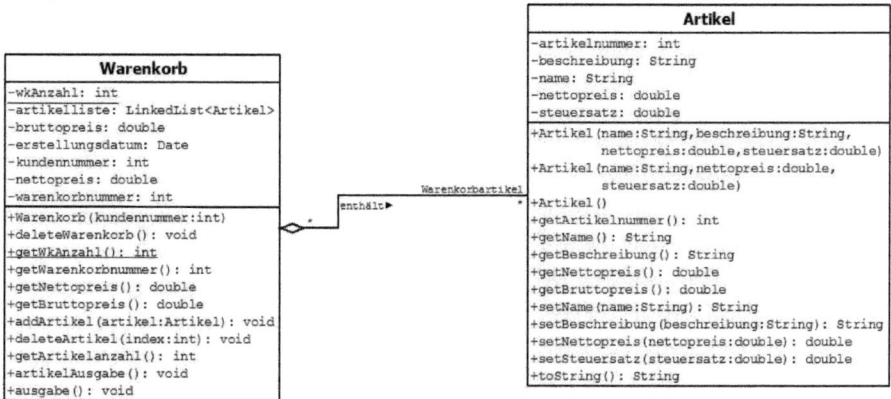

Warenkorb

```
-wkAnzahl: int
-artikelliste: LinkedList<Artikel>
-bruttopreis: double
-erstellungsdatum: Date
-kundennummer: int
-nettopreis: double
-warenkorbnummer: int
```
```
+Warenkorb(kundennummer:int)
+deleteWarenkorb(): void
+getWkAnzahl(): int
+getWarenkorbnummer(): int
+getNettopreis(): double
+getBruttopreis(): double
+addArtikel(artikel:Artikel): void
+deleteArtikel(index:int): void
+getArtikelanzahl(): int
+artikelAusgabe(): void
+ausgabe(): void
```

Artikel

```
-artikelnummer: int
-beschreibung: String
-name: String
-nettopreis: double
-steuersatz: double
```
```
+Artikel(name:String,beschreibung:String,
         nettopreis:double,steuersatz:double)
+Artikel(name:String,nettopreis:double,
         steuersatz:double)
+Artikel()
+getArtikelnummer(): int
+getName(): String
+getBeschreibung(): String
+getNettopreis(): double
+getBruttopreis(): double
+setName(name:String): String
+setBeschreibung(beschreibung:String): String
+setNettopreis(nettopreis:double): double
+setSteuersatz(steuersatz:double): double
+toString(): String
```

Abbildung 12: Klassendiagramm Online-Warenkorb

```
/** erster Konstruktor für die Klasse Artikel, zur Erzeugung von "Artikel"-Objekten mit vorgegebener Beschreibung ...7 lines */
public Artikel (String name, String beschreibung, double nettopreis, double steuersatz)
{
    this.name = name;
    this.beschreibung = beschreibung;
    this.nettopreis = nettopreis;
    this.steuersatz = steuersatz;

    /** Generierung einer 6-stelligen Zufallszahl als Artikelnummer */
    this.artikelnummer = (int)(100000 + (999999 - 100000) * rand.nextDouble());
}

/** zweiter Konstruktor für die Klasse Artikel, wenn keine Beschreibung mitgegeben wird ...6 lines */
public Artikel (String name, double nettopreis, double steuersatz)
{
    this(name, "Keine Beschreibung.", nettopreis, steuersatz);
}

/** Standardkonstruktor für die Klasse Artikel, wenn keinerlei Paramteter mitgegeben werden ...2 lines */
public Artikel ()
{
    this("", "", 0, 0);
}
```

Abbildung 13: Quellcodeauszug – Artikel-Konstruktoren

Anlage 3

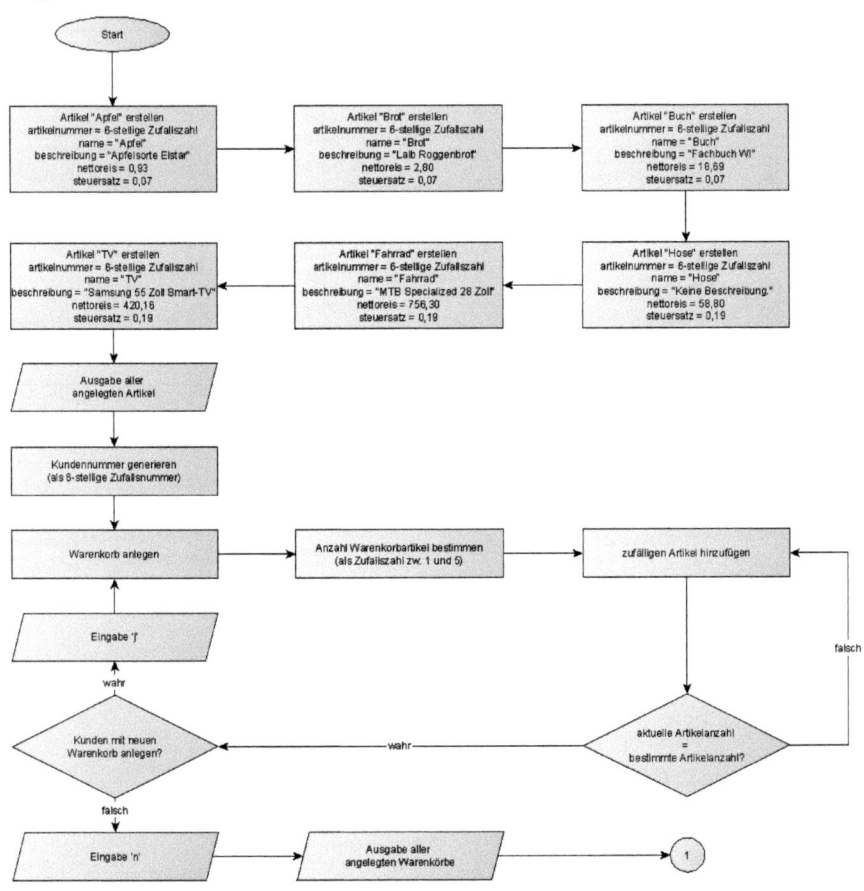

Abbildung 14: Programmablauf – Teil 1

Anlage 4

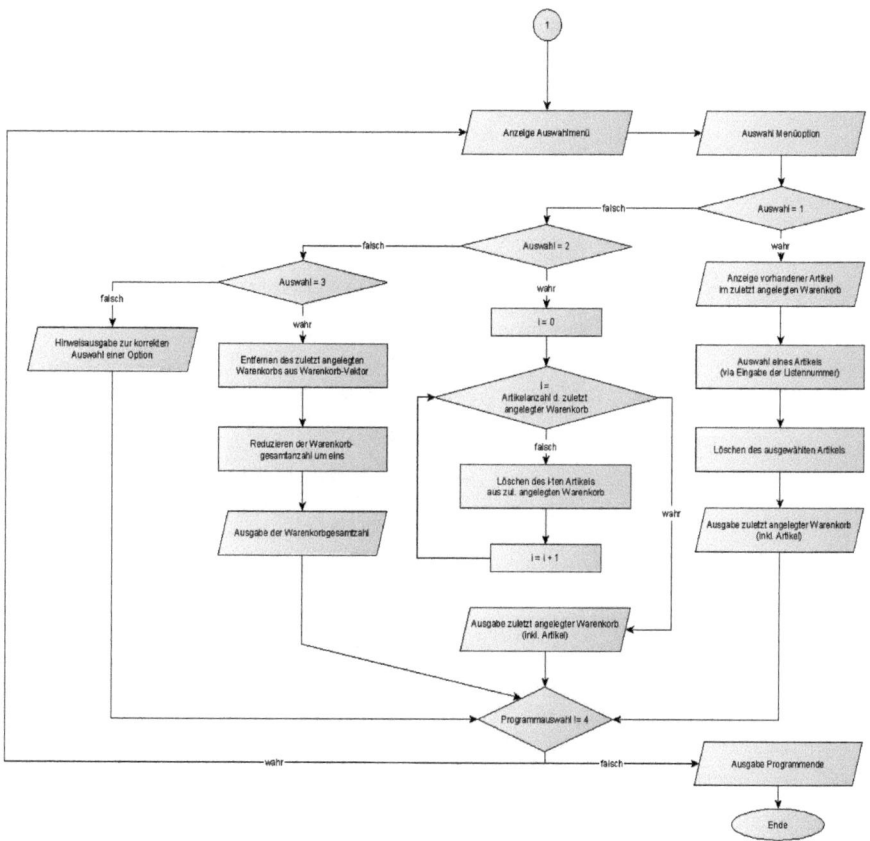

Abbildung 15: Programmablauf – Teil 2

Anlage 5

```
+++Detailinformationen zum angelegten Warenkorb+++
--------------------------------------------------
Warenkorb 1 von 1:
Warenkorbnummer: 58613256
Kundennummer: 16781
Erstellungsdatum: Sat Apr 08 13:39:51 CEST 2017
Artikelanzahl im Warenkorb: 4
Artikel 1:
Artikelnummer: 403247
Name: Buch
Beschreibung: Fachbuch WI
Nettopreis: 18,69 EUR
Bruttopreis: 20,00 EUR

Artikel 2:
Artikelnummer: 897163
Name: Brot
Beschreibung: Laib Roggenbrot
Nettopreis: 2,80 EUR
Bruttopreis: 3,00 EUR

Artikel 3:
Artikelnummer: 897163
Name: Brot
Beschreibung: Laib Roggenbrot
Nettopreis: 2,80 EUR
Bruttopreis: 3,00 EUR

Artikel 4:
Artikelnummer: 794531
Name: Apfel
Beschreibung: Apfelsorte Elstar
Nettopreis: 0,93 EUR
Bruttopreis: 1,00 EUR

==============================
Nettpreis Warenkorb: 25,22 EUR
Bruttpreis Warenkorb: 26,99 EUR
```

Abbildung 16: Screenshot CMD – Warenkorb ausgeben

```
1
Bitte anhand der vorangestellten Nummer den zu entfernenden Artikel auswaehlen.
(1):Brot
(2):Hose
(3):Hose
(4):Fahrrad
2
Der ausgewaehlte Artikel wurde aus dem zuletzt angelegten Warenkorb entfernt.
Nachfolgend der aktualisierte Warenkorb:
Warenkorbnummer: 89082076
Kundennummer: 22177
Erstellungsdatum: Sat Apr 08 18:36:32 CEST 2017
Anzahl der Warenkorbartikel: 3
Artikel 1:
Artikelnummer: 197537
Name: Brot
Beschreibung: Laib Roggenbrot
Nettopreis: 2,80 EUR
Bruttopreis: 3,00 EUR

Artikel 2:
Artikelnummer: 568334
Name: Hose
Beschreibung: Keine Beschreibung.
Nettopreis: 58,80 EUR
Bruttopreis: 69,97 EUR

Artikel 3:
Artikelnummer: 570521
Name: Fahrrad
Beschreibung: MTB Specialized 28 Zoll
Nettopreis: 756,30 EUR
Bruttopreis: 900,00 EUR

==============================
Nettpreis Warenkorb: 817,90 EUR
Bruttpreis Warenkorb: 972,96 EUR
```

Abbildung 17: Screenshot CMD – Fall 1: Warenkorbartikel entfernen

Literaturverzeichnis

Deininger, M./Faust, G./Kessel, T. (2009)
Java leicht gemacht: Eine verständliche Einführung in die Programmiersprache. München: Oldenbourg Wissenschaftsverlag

Goll, J./Heinisch, C. (2014)
Java als erste Programmiersprache: Ein professioneller Einstieg in die Objektorientierung mit Java. 7. Auflage. Wiesbaden: Springer Vieweg

Hölzl, M./Raed, A./Wirsing, M. (2013)
Java kompakt: Eine Einführung in die Software-Entwicklung mit Java. Berlin, Heidelberg: Springer-Verlag

Krypczyk, V./Bochkor, O. (2016)
Einführung in die Programmierung: Objekte, nichts als Objekte. Internetquelle, URL: https://entwickler.de/online/development/einfuehrung-programmierung-objektorientierte-programmentwicklung-197372.html, Abruf am 03.04.2017, 09:35 Uhr.

Oracle 1 (2014)
Oracle and Sun Microsystems. Internetquelle, URL: https://www.oracle.com/sun/index.html, Abruf am 03.04.2017, 09:06 Uhr.

Oracle 2 (2016)
Java Platform Standard Edition 8 Documentation. Internetquelle, URL: http://docs.oracle.com/javase/8/docs/index.html, Abruf am 03.04.2017, 09:17 Uhr.

Oracle 3 (2017)
Oracle Software Download. Internetquelle, URL: http://www.oracle.com/technetwork/indexes/downloads/index.html#java, Abruf am 10.04.2017, 22:45 Uhr.

Ratz, D./Scheffler, J./Seese, D./Wiesenberger, J. (2013)
Grundkurs Programmieren in Java. 7., überarbeitete und erweiterte Auflage. München: Carl Hanser Verlag.

Schmatzer, F.-K.. (2016)

Thema zur Bearbeitung des Assignment im Modul JAV40. URL: https://www.akad-campus.de/api/sandro.kunadt/assignment/get/file/portfolioassignment/JAV40-AS/JAV40-AS-WK_10_2016, Abruf am 19.03.2017 um 22:18 Uhr.

Schnabel, P.. (2017)

Compiler und Interpreter. URL: http://www.elektronik-kompendium.de/sites/com/1705231.htm, Abruf am 10.04.2017 um 21:43 Uhr.

Sierra, K./Bates, B. (2006)

Java von Kopf bis Fuß. 1. Auflage. Köln: O'Reilly Verlag.

Singh, C. (2013)

What are Packages in java and how to use them?. Internetquelle, URL: http://beginnersbook.com/2013/03/packages-in-java/, Abruf am 02.04.2017, 22:05 Uhr.

Straub, M. (o. J.)

ArrayList und Vector. Internetquelle, URL: http://www.straub.as/java/basic/standard2.html, Abruf am 08.04.2017, 11:02 Uhr.

Ullenboom, C. (2012)

Java ist auch eine Insel: das umfassende Handbuch. Aktuell zu Java 7. 10., aktualisierte und überarbeitete Auflage. Bonn: Galileo Press

Wang, R. (2013)

ArrayList vs. LinkedList vs. Vector. Internetquelle, URL: https://dzone.com/articles/arraylist-vs-linkedlist-vs, Abruf am 08.04.2017, 11:43 Uhr.